JN439720

거미학자와의 인터뷰

이원숙 시집

시인동네 시인선 202

이원숙 시집

거미학자와의 인터뷰

시인동네

시인의 말

갈라진 지평선에서
입구가 열린 거대 풍선에서
쏟아져 나온 떠돌이 말들이
어딘가로 끝없이 나를 데려간다.

2023년 4월
이원숙

차례

제2부

제3부

제4부

제1부

버려진 날개

의류 수거함이 가득 차 있다
버려야 할 옷이 많은데

누군가 내다 버린 외투 위에
셔츠 소맷자락이 자나방처럼 팔랑거린다

매달릴 몸이 사라져
버려진 날개가 수북이 쌓이는 밤

밤새 쓰레기장을 들락거린다

버릴 곳을 찾지 못해 버릴 수가 없어서
두고 간 그의 옷을 한 아름 끌어안고

창밖을 서성거린다
날개도 없이 그는 무사히 날아갔을까

통조림

아침은 간단히 먹자
유리그릇에 콩을 부으며 그가 말한다

원재료명 강낭콩 정제수 설탕 토마토퓌레 유통기한 3년……

라벨 뒷면을 읽던 그가
먹다 만 콩을 남겨둔 채 일어선다
등 뒤로 쿵, 닫히는 현관문

든든한 철문이 지키는 사각의 콘크리트 철옹성에서
둘이 백 년은 끄떡없을 거라던 그는
아침이면 일어나 집을 나간다

나는 문 안에
그는 문 밖에

버리고 온 햇살과 바람을 쐬러 가는 것일까

한 알의 품질 좋은 통조림이 되려고
캄캄한 양철통에 들어간 강낭콩만 같아져서

자정이 지나도록 돌아오지 않는
문 밖의 사람

유통기한이 다하기도 전에
우리의 침실에선 벌써 쉰내가 풍긴다

라벨을 마저 읽는다
—개봉 후에는 변질될 우려가 있으니 가능한 한 빨리 드십시오

먹다 남은 강낭콩이 개수대에서 썩기 시작했다

빅토리아 탄산수 복숭아 향

한 잔의 탄산수를 들이켭니다 탄산수는 투명한 플라스틱 병에 들었습니다 빅토리아라는 상표명 아래 폭포 그림이 있습니다 희고 동그란 기포들이 뽀글뽀글 피어오릅니다 빅토리아 폭포는 아프리카에 있습니다

목울대를 넘어 식도 하부로 추락하는 탄산수에서도 기포 몇 올라옵니다 농익은 복숭아 향이 물씬합니다 폭포수는, 아니 탄산수는 어둑하고 미끄러운 내장의 터널을 통과 중입니다

오늘 하루는 향기롭지 않았습니다 향기로웠던 날은 언제였을까요 폭포수를 젖혀 봅니다 까무잡잡한 계집아이가 나타납니다 덜 여문 복숭아 같은 엉덩일 까고 아이는 멱을 감습니다 내가 아닙니다 땋아 내린 레게머리에서 물이 뚝뚝 떨어집니다 아이가 웃습니다 다시 보니 나였습니다

아프리카에는 빅토리아 폭포가 있습니다 물보라가 흰 손을 뻗어 복숭아 가지들을 적십니다 일 년 내내 목마르지 않습니

다 아이가 물컹, 복숭아를 한입 베어 묾니다 태초의 그 맛은 시큼했을까요 아이가 얼굴을 찡그립니다

나는 탄산수를 마십니다 깔끔한 복숭아 향이 향기롭지 않은 기억들을 씻어 내립니다 폭포수는 혼절한 채 잠베지강으로 흘러갑니다 나른한 평화입니다 한 잔의 탄산수는 위장 소장 지나서 까마득한 시원을 향해 달려갑니다 아, 내일도 대체로 향기롭지 않을 예정입니다 나는 또 빅도리아 탄산수 복숭아 향을 목구멍에 들이부을 것입니다 아프리카에는, 빅토리아 폭포가 있습니다

가방의 안쪽

짐 가방을 끌어당긴다 등짐이 무거워 버팅기고 선 노새처럼 가방은 꿈쩍을 않는다 짐이래야 며칠간의 휴가를 위한 여벌옷이 전부인데 이상해,

가방을 열자 할머니가 걸어나온다 나 어릴 적 죽은 할머니는 한쪽 무르팍을 세우고 앉아 풀 먹인 베옷을 만지작거린다 얘야, 너는 조금도 자라질 않았구나

백동반지 낀 손을 들어 내 이맛머리를 쓸어 올린다 그러고는 베옷을 툭툭 털어 펼쳐 보인다 이태 전 아버지가 입고 간 바로 그 옷,

네 애비 걱정은 말거라

눈앞에 삼베가 누렇게 펄럭거린다 바람도 없는데 마구 펄럭거린다 문득 창밖이 어둑해지고 빗방울이 날리기 시작한다 빈 유리창에 무수한 사선이 그어지더니 화살이 되어 동공으로 날아든다

눈앞이 흐려 아무것도 보이지 않아서
가방이 무거워 아무 데도 갈 수가 없어서

할머니를 따라 가방 속으로 들어갔다
깊고 서늘한 가방의 안쪽, 가방이 나를 들고 갔다

루브시엔 가는 길

버스 옆자리가 비어 있었다 피사로의 그림 속 루브시엔 가는 길, 버스가 파리를 떠나 교외로 접어들자 초록 물이 번지듯 숲이 시작되었다 암녹색 캉캉 치마를 입은 밤나무들이 잎을 흔들어댔다 와본 적은 없지만 기억에는 있는 풍경, 인상파 화가들이 사랑한 곳이라고 누군가 말했다 아름드리 미루나무가 몇 세기 아래를 굽어보고 있었다 버스는 19세기의 숲을 단숨에 통과했다 그림 속 장면들이 휙휙 지나갔다 숲의 끝자락, 마지막 한 그루가 시야에서 사라져갈 때 옆자리에 한 사람이 앉아 있었다 수염이 덥수룩한 까미유 피사로였다 기운 없이 머릴 기댄 채 잠들어 있었다 물감 묻은 손에서 바니시 냄새가 와락 풍겼다 차창 너머로 수세기 전의 바람이 건너왔다

계단을 오르다

까마득한 벼랑 위 달빛이 쉬어가는 동네
은발 성성한 여인이 집으로 돌아가고 있다
길은 외줄기 가파른 시멘트 계단 하나
낡은 빨래판처럼 위태로이 걸쳐 있다
갠지스의 빨래터를 오가는 세탁부처럼
물때 낀 빨래판 위를 오르는 여자,
발밑의 구정물에서 오늘을 건져 꾹꾹 밟는다
물이 탁해진 지는 이미 오래,
흰옷을 희게 되돌리긴 다 틀렸다
지금의 이 하루도 곧 어제가 되어 떠나갈 것이다
담벼락의 페인트 꽃들이 희미하게 웃음을 흘린다
꽃들의 웃음은 짧은 휴식을 알리는 종소리일 뿐
해가 지면 소리 없이 잊힌다
오래된 정강이에서 덜컹거리는 소리가 난다
이 오르막의 끝은 어디쯤일까
무거운 걸음을 허공에 내던지려는데
늦은 오후의 햇살이 창을 들고 달려와
여자의 눈을 찌른다

환승역

이정표가 없었다 노선을 갈아타야 하는데 사방으로 길이 뻗어 있었다 머리 위에도 길 발밑에도 길 벽면에서 화살표가 날아다녔다 화살표를 따라갔다 까만 뒤통수들을 따라 층계를 올라갔다 모자 쓴 뒤통수 상고머리 뒤통수 더벅머리 뒤통수 매점 지나고 사각기둥 지나 환승 통로에 들어섰다 창이 없는 통로엔 해가 뜨지 않았다 길 끝에서 길 끝으로 사람들이 몰려오고 몰려갔다 화살표를 따라갔다

우울한 계절이 몇 번인가 얼굴을 바꾸었다 봄여름가을 그리고 겨울겨울겨울, 외투를 벗었다가 다시 껴입었다 해가 뜨지 않았다 먹구름이 몰려오고 눈발이 흩날렸다 꿈을 꾸어야 춥지 않았다 깨고 나면 사람들이 하나둘 죽어갔다 죽어가는 뒤통수에 희끗희끗 서리가 앉아 있었다 매캐한 죽음의 냄새가 공중에 떠다녔다 어디선가 휘파람 소리가 들려왔다 운동회 날 울리던 휘파람행진곡이었다 죽은 자가 죽은 채로 일어나 걸었다 화살표를 따라갔다 발밑에서 와사삭 서릿발 소리가 났다 쥐들이 통로를 가로질러 어둠 속으로 달아났다 산 자와 죽은 자가 어깨를 부딪치며 아슬아슬 지나갔다 저마다 제

꿈속을 걸어갔다 아무도 멈추지 않았다 화살표를 따라갔다

이 길은 언제 끝날까 끝이란 게 있기나 할까 행진곡이었던 휘파람은 장송곡 같기도 했다 기쁘지도 슬프지도 않은 곡조, 꿈속인지 잠 속인지 환기되지 않은 불빛이 몽롱하게 비췄다 어디로 가고 있지? 어디로 가고 있어? 통로 끝 출구는 보이지 않는데 빛발치는 저 화살표 화살표

상습 침수지대

폭우가 쏟아졌고 거리는 물바다가 되었다
온누리약국 365내과 에덴고시원 간판 아래
장화 신은 아이들이 첨벙거리며 달려가다
물속 배수구에 들뜬 발이 빠진다

낡은 배수로를 역류하는 빗물은 이 거리의 명물이다
"백 년 동안 내릴 비가 한꺼번에 쏟아진 것 같습니다"
카메라를 둘러맨 방송기자가 빗물을 취재하고 있다
마이크 뒤로 너덜거리는 벽보의 붉은 글씨가 흘러내린다
'급매물 있음'

떠나지 못한 사람들은 거리에 남아 이 계절을 앓는다
바닥이 디뎌지질 않아요, 물 위를 떠다니는 것같이 어지럼증이 밀려와요
그런 증상은 수인성 질병의 일종이라고 의사는 표정 없이 말했다
처방전을 든 남자가 약국으로 들어간다

흙탕물을 뒤집어쓴 보도블록이 패턴을 반복하고 있다
회색민짜블록 옆에 자주색꺾쇠모양블록 자주색 옆엔 다시
회색민짜……
순서에 골몰하며 묵묵히 계절을 견딘다
일단의 블록들은 물웅덩이 아래로 몸을 낮춰 가라앉는다

노란 장화 한 짝이 엎드린 물밑 어디쯤
마르지 않는 빨래가 널린 유년의 방이 있었나
날마다 저지대를 벗어나는 꿈을 꾸던 그 방의 아이는
자라서도 꿈 밖으로 나오지 못하고
편의점 유리문에 붙은 광고에 눈을 반짝인다
'알바 급구 방문 면접'

블록 조각에 발이 걸려 넘어졌다
삐죽이 쳐든 한 장이 패턴을 깨뜨렸던 것,
내 생의 패턴도 어느 지점에선가 그렇게 어긋나버린 걸까

칙칙한 계단 끝 고시원의 막다른 방

책상 위에 펼쳐진 책들은 6년째 침수 중이다
눅눅한 활자들이 방 안을 병균처럼 떠다닌다
젖은 책을 껴안고 나는 다시 꿈속으로 잠수해 들어간다

열대어

물속 광장을 돈다
하릴없이 빙빙

나를 풀어놓으며 그는 말했다
넌 놀기만 하면 돼

던져 주는 플레이크를 먹기 위해 내가 오르내리는 것을
그는 흐뭇하게 바라봤나

물은 따스하고 산소는 충분하고
촛불도 없는 광장을 벌써 몇 바퀴째인지

에어호스에서 기포들이 뽀글거린다
조그맣고 투명한 기포는 곧장 수면으로 올라가
따분히 하품을 토해낸다

물속에 권태가 나른하게 퍼지고 있다
암브리아 잎이 흐느적거린다

윌로모스는 바닥에 드러누웠다

무력한 지느러미를 추스르고 달아나려 해도
이 광장엔 출구가 없다

거나하게 취해 돌아온 그가 충혈된 눈을 바짝 붙이고 들여다본다
나는 짐짓 즐거운 척 다홍빛 지느러미를 흔들어 보이려다 그만두었다

이 오랜 의식도 이젠 식상해,
부채를 떨어뜨린 무용수처럼 뺨을 붉히고 암브리아 잎 뒤에 숨어버린다

그가 고개를 갸우뚱한다
이봐, 플래티, 뭐가 문제야?

대답 대신 입술을 동그랗게 말아 뻐끔거리다

머리 위 열려 있는 수면을 바라본다

이제 막 떠오른 기포 방울 하나가 소리 없이 사라지려는 순간,
눈을 감고 전속력으로 점프! 철퍼덕, 파닥파닥
그리고 블랙아웃.

베일마운트의 빙하호

편의점 문을 밀자 종소리가 울린다
신문을 펼쳐 든 카운터의 남자가
소리 나는 쪽을 힐금 바라본다
짙푸른 눈빛이 만년설 빙하수처럼 맑고 차갑다
회색곰이 어슬렁거린다는 로키산맥 초입의 오지 마을
종일 저 카운터에서 마주한 사람이 몇이나 될까
창밖은 오가는 이 없는 겨울 황무지
베일마운트라고 쓴 철골 구조물이 쓸쓸한 부표처럼 떠 있다
생수를 찾아 진열대를 훑는데
남자의 눈길이 뒤통수에 따라붙는다
인디언풍의 가죽 재킷을 입은 남자의 이름은 잭일까 존일까
이 마을에서 나고 자란 산 사나이인지
손때가 타 반질거리는 저 가죽옷은
마을로 내려온 곰을 때려잡아 지어 입은 것인지
진열대에 즐비한 알록달록한 사탕 봉지들처럼 들뜬 나는
그 마을의 낸시나 메리앤이 되어
깊고 서늘한 남자의 눈 속에 풍덩, 뛰어든다
생수를 집어 카운터에 올려놓자

푸른 눈의 남자가 검은 눈의 이방인을 빤히 쳐다본다
그러고는, 가져온 생수를 할인 중인 빙하수로 바꾸어 온다
걸어오는 남자의 어깨 위 테슬 장식이 갈기처럼 흔들린다
푸른 눈동자 속 빙하호에서
헤엄치던 내 앞섶도 덩달아 일렁인다
겨울 호수에서 에메랄드빛 여름으로 막 건너려던 참에
계산이 끝나자 눈길을 거두고
남자는 다시 신문을 읽기 시작한다

페루행 완행열차

덜컹거리는 바퀴 소리에 눈을 뜬다
열차가 막 자정을 지나고 있다
깜빡이는 형광등 불빛 아래 검은 차창은
긴 필름을 펼치고 지난 시간을 현상 중이다
밖은 멈추어 선 듯 고요하고
새들이 고요 속을 통과하고 있다
어두운 하늘을 별들이 간신히 밝히고 있다
지루해진 별들은 패를 던져 내일의 운세를 점친다
빛나는 것은 다만 하룻밤의 일,
남은 빛마저 다 타버리면 흔적도 없이 사라지게 될 것이다
희미해져 가는 제 몸을 바라보며 별들이 늙어가는 동안
어둠의 구덩이에선 어린 별들이 태어난다
항로를 이탈한 새 한 마리가 부딪쳐 떨어진다, 떨어지며
피 묻은 부리로 차창에 적고 있다
—당신은 페루로 가고 있어요

권태가 곰팡이 핀 얼굴들이 객실 안에 둥둥 떠다닌다
버려진 술병처럼 취객들은 눈을 감고 홍얼거린다

열차가 나아간 만큼 길이 지워지고 있다
남자가 자리에서 일어나 달린다
그는 열차의 느린 속도를 견딜 수가 없다
프리지어 꽃병을 든 여자가 통로를 지나간다
노란 웃음이 마른 꽃잎처럼 흩어진다
검은 차창으로 지친 새들이 흘깃거린다
눈 덮인 안데스를 지나 페루 해안가
날아가던 새들이 하나둘 차창에서 죽어간다
여자가 꽃을 놓친다, 꽃병에서 물이 쏟아진다
남자가 뒷걸음질 쳐 달아난다
달아나도 여전히 달리는 열차,
패를 떨어뜨린 별 하나 긴 꼬리를 늘어뜨리고 사라진다
북쪽 하늘이 아주 잠깐 환해졌다

방명록

익숙한 집 앞 길이 문득 낯설다 마주 늘어선 소소한 상점들, 활자 떨어진 세탁소 간판과 흘러나오는 빵 굽는 냄새는 그대로인데

신호등이 없어 눈치가 건너다니는 아스팔트길을 앞서 지나간 잰걸음 종종걸음 갈지자걸음 위에 타박타박 내 발을 포개 얹는다 길이 되기 이전부터 길 위를 흐르고 있었을

시간은 빠르지도 느리지도 않은 속도로 고요히 바닥을 관통하고 있다

허둥대는 것은 시간의 컨베이어 벨트에 실려
세탁소로 빵집으로 버스정류장으로 뿔뿔이 흩어지는 걸음들, 어디론가 떠내려간 발들은 돌아오지 않고 희미한 발자국은 몸을 떠난 유령이 되어 길 위를 떠돈다

검정 두루마리를 끝도 없이 풀어 내리는 오후의 길목에 서서

넘겨받은 세탁물과 빵 봉지를 끌어안고서

마맛자국처럼 팬 노면 위에 발자국을 눌러 찍는다 펼쳐진
방명록에 잊고 있던 이름을 적어 넣는다

내가 흐른 뒤에도 길 위에 남아 오래 서성거릴 흔적을
나 여기 왔었다는 부질없는 항변을 가만히 새겨 넣는다

몬순 시기

칠월 하늘이 제 무게를 더는 감당 못하겠다고
층계도 없는 공중을 달음박질쳐 내려온다
천지간은 지표면에 속속 도착하는 빗방울로 그득하다
번들거리는 거리는 무방비로 젖어들고
우산 아래 얼굴을 감춘 사람들이 보도 위를 지나간다
쏟아지는 빗줄기에 짙어지는 아스팔트 노면처럼
희미했던 기억이 되살아나는 것도 이즈음의 일,
내 머릿속은 짙은 회색 빗금이 그어진다
그 기억의 유리창, 흐린 화면 속을 누군가 가로지른다
빗금을 들추면 떠오르는 그 다리,
황토물이 넘실대는 다리 위에서 어린 계집아이가 울고 있다
할머니의 치맛자락을 꼭 붙들고 있다
점점 거세지는 빗발, 뿌옇게 일어나는 물안개
나는 다리 저편을 향해 팔이 빠져라 손을 흔든다
그 얼마 후 서둘러 하늘로 떠난 할머니와
혼자 남겨진 다리 위의 그 아이를 향해

제2부

검정 비닐을 뒤집어쓴 밤

빗소리에 침실이 잠기고 있다 소리로만 내리는 비에도 젖는 것들이 있어 베개가 젖고 이불이 젖고 머리맡의 가족사진이 젖고 있다 젖지 않는 것은 리듬을 놓치지 않는 벽시계와 그것을 듣고 있는 나, 어제를 건너온 초침 소리가 머리 위를 맴돈다 죽음 같은 잠을 부르기 위해 낮에는 햇빛을 쬐며 천변을 오래 걸었다 마주 걷던 사람들은 지금쯤 단잠에 빠졌을 것이다 빗소리 없이도 잠에 흠뻑 젖어들었을 것이다 이제 그만 젖어라 젖어 들어라 빗소리가 뭉툭한 발로 온몸을 밟아댄다 몸을 뒤척이며 누군가를 불러보아도 캄캄한 사진 속 가족들은 각자의 어둠 속으로 흩어지고 없다 불을 켜고 저 요란한 빗소리를 잠그고 젖은 이불을 툭툭 털어내고 싶지만 지금은 자야 할 시간이라고 뾰족한 시계 소리가 귓바퀴를 찌른다

발밑의 검은 입

노란 봉고차를 기다리던 소라게만 한 아이들이
엄마 손을 놓고 미끄러지듯 신호등을 건너
학원 간판 즐비한 빌딩 숲으로 간다

위층의 속셈학원 그 위엔 국어영어수학과학 꼭대기의 독서실까지
차례차례 오르며 아이는 한 살씩 자란다
시간은 눈을 뜨고 더디 가는데

문제를 풀다 말고 새하얘진 머리를 흔들며 몽유병자처럼 걸어 나간다

길은 위로만 열려 있다고 엄마는 말했지

층계를 따라 오르면 다다르는 옥상
희미한 달이 세상 끝에 아슬아슬하게 걸려 있다
대기에 범람하는 황색 물결의 환영
돌아갈 집은 떠내려가고 없다

흔들리는 머릿속 나침반이 아래를 가리킨다

까마득한 난간 아래
검은 입을 벌린
공중

전어

도마 위에 전어가 까무러쳐 있다
회칼 들고 내려다보던 아버지
한 손으로 주름진 목덜미를 쓸어내린다

단칼에 해치워야 깔끔하단다
밀려난 자리에의 미련을 뿌리치듯
아가미에 칼날을 힘껏 내리꽂는다

눈꺼풀이 없어 감지 못하는 눈을 부릅뜬 채
잘린 머리에서
빨간 손수건을 꺼내 흔들던 아가미가
마지막 호흡을 쥐어짠다

흰 플라스틱 도마 위에
한 생애의 해고 딱지가 붉게 찍히자
아버지는 피 흘리는 전어를, 잘려 나간 그 옆얼굴을
말없이 바라본다

저 푸르디푸른 바다에서 이렇게 붉은 피를 품고 살았다니,
너도 참 힘들었겠다
웅얼거리며

피 묻은 칼을 물에 씻는다

거미학자와의 인터뷰

아버지의 방에 거미가 살고 있었어요 포마이카 장롱 위 구석빼기에 숨어 있다가 아침이면 화장대 앞으로 주르르 내려와 분첩으로 시커먼 낯짝을 두드리고 있었죠 내 아버지는 먼 나라에서 온 사람, 지중해 흑해 건너고 등롱불 은은한 유목민의 천막을 지나 힌두쿠시 산맥을 넘었다지요 천 개의 길과 만 개의 상점을 지나 은현리로 왔었다지요

너에게 천 개의 이야기를 들려주마, 거미가 줄을 치는 방에서 밤새는 줄 모르게, 흥미진진한 이야기는 이어졌어요 거미는 털이 부숭한 발을 들고 걸려든 포획물을 말리고 있더군요 어제 자른 아버지의 발톱, 곱슬거리는 머리털, 발뒤꿈치에서 떼어낸 각질 그리고 갓 낳은 제 알까지 하나씩 걷어서 오도독 씹어 먹더군요

아버지의 이야기가 백, 이백, 삼백 고개를 넘어가던 어느 날은 빈 거미줄에서 뛰어내려 날카로운 턱을 아버지의 정수리에 박아 넣으려고 했어요 황급히 일어나 냅다 잠자리채를 날렸지만 그만 놓치고 말았죠 나는 작은 아이였고 거미가 달아

난 장롱 위까지 손이 닿지 않았으니까요 아버지 머리에서 끈적이는 거미줄을 걷어내며 나는 결심했어요 거미학자가 되어 저 거미를 퇴치하리라고요 끝나지 않은 천 개의 이야기는 훗날 마저 듣기로 하고 총총 집을 떠나왔지요

긴호랑거미 기생왕거미 별늑대거미…… 거미란 거미는 다 뒤져 봤지만 그 거미의 정체는 끝내 알아내지 못했어요 이름뿐인 거미학자가 되어 돌아왔을 때 아버지는 육즙이 다 빠져 쪼그라들 대로 쪼그라들어 있었어요 물풍선만 한 거대 거미가 한 몸처럼 아버지 등에 올라타 있더군요 머리만 남은 아버지가 마지막 숨을 몰아쉴 때 나는 거칠게 다그쳤어요 안 돼요, 천 개의 이야기가 끝나지 않았다구요 꺼져가던 아버지 눈빛으로 대답하셨죠 얘야, 너도 날 구하지 못했잖니?

건물의 사생활

대로변 신축 빌딩, 사면이 유리벽이다
부동산 사우나 병원 간판 아래
오픈을 앞둔 빵집 문에 뜯다 만 청색 비닐이 너풀거린다
건물 이름은 히페리온
그리스 시대엔 신이라 불렸다지만
지금은 이름 대신 그저 유리 빌딩으로 불린다

1층 부동산 사무실에서
짧은 치마의 아가씨가 머리 희끗한 사장과 노닥거린다
버스를 기다리는 사람들이 유리문 안을 멀거니 쳐다본다
안마시술소 위 비뇨기과, 비뇨기과 위 부부상담소
꼭대기 층의 교회까지 유리 건물은
들키기 싫은 비밀을 위로 위로 밀어 올린다
번득이는 눈을 피해, 말 많은 입을 피해
옥상에다 속내를 숨겨 놓는다

사철 푸른 인조 잔디 옥상에는 컨테이너 방이 있다
스티로폼 상자에서 남모르게

측백나무가 자라고 비루한 빨래가 마르는 곳,
옥탑방 여자가 쪼그려 앉아 담배를 빤다
연기를 마신 하늘이 빗방울을 흘리면
홈통을 타고 곤두박질치는 폭포 소리가
잡다한 소음을 지운다

비밀이 많은 건물은
지붕을 우뚝우뚝 끌어올린다

숨바꼭질

한 달을 누워만 있던 아버지
어린아이가 되었나, 숨바꼭질 하자시네
탯줄같이 휘늘어진 링거 줄 떼버리고
흰 시트 속으로 엇, 숨어버렸네

술래만 술래만 하던 아버지
이번에는 나더러 술래 하라시네

아버지는 나빴다,
눈 가리고 열까지 다 세지도 않았는데
이제 숨어도 된다고 말하지도 않았는데
어디 잡아볼 테면 잡아보라며
하늘공원 화장장 불 속으로 뛰어들었네

저기 저 흰 뼈가 아버지일 리 없지
고개 갸우뚱거리는 사이에
백자 단지 속으로 재빨리 숨어들었네

하얗게 센 머리칼도 헐거운 옷자락도 보이지 않지만
앞세운 커다란 영정 사진
아버진 줄 다 알아

찾았다 빨리 나와요, 소리치자
한 줌 뼛가루로 변신한 내 아버지
머리 긁적긁적 계면쩍은 웃음 흘리며
솔솔솔, 한지 꾸러미 속에서 빠져나와
섬잣나무 그늘 밑 깊은 구덩이에
영영 숨어버렸네

샛강역

스크린도어가 열리자 오래 서성이던 발들이 황색 선을 넘는다 발밑에 스멀거리는 검은 기류를 몰아내려 조명등은 눈을 부릅뜨지만, 이곳의 어둠은 도무지 불사신이다 기피제를 뿌리면 물러났다가도 다시 달려드는 모기 떼만큼 끈질긴 것, 배후를 알 수 없는 저 컴컴한 것은 그러나, 낯이 익다

전동차가 끌고 온 길은 일직선이다 낮의 입구에서 밤의 출구까지 꺾이지 않는 외길, 말랑한 어둠이 양갱처럼 갱도를 검게 채운다 암흑이 흘러드는 샛강역에는 희끗한 별들의 주검이 떠내려온다 죽어가는 별들은 빨간 눈알을 깜빡이며 갱도 속 어둠을 핥는다

자외선 소독기 속 컵들처럼 빼곡히 들어찬 승객들은 지루한 장기수처럼 남은 시간을 질겅거린다 차창에 비친 제 모습을 흘깃거리며 지상의 누군가에게 사랑한다는 메시지를 전송한다 깜깜한 절벽에 몸을 던지며 전동차는 달린다 땅속에서 헤매는 일생, 길게 드러누운 묘혈에서 벌떡 일어나 앞을 가로막는 검은 덩어리

선로 옆 붉은 눈동자들 차창에 들러붙어 내부를 들여다본다 당신은 지금 어둠의 몸속을 통과하고 있다 단말마를 내지르며 별들이 선로 위에 떨어진다 문득, 빛에 머물다 어둠 속으로 사라진 이름이 떠오르고 내 안에서 작은 불가사리 한 마리 요동친다 어릴 적 상심해 죽은 별이라고 한다

잠 못 이루는 밤이라고요?

관광버스가 국경 마을을 지난다
밴쿠버에서 시애틀로 넘어가는 수면과 각성의 접경지대
젊은 가이드는 해설을 이어간다

—시애틀에는 잠 못 이루는 밤이 있지요
—스타벅스 1호점도 있고요
—한국에선 초록인 스타벅스 로고가 여기서는 갈색이랍니다

떠오르는 이국의 해가 차창으로 침입한다
끄덕끄덕 떨어지는 일행의 머리 위로 붉은 퍼즐 조각을 던지듯
건조한 가이드의 음성이 통로 가득한 정적을
일정한 리듬으로 두드린다
—이민 온 지 6개월째입니다

푸릇한 면도 자국을 문지르던 그의 톤이 갑자기 반음쯤 굴러떨어진다
에릭이자 정훈, 두 개의 이름으로 넘나들었을

초록과 갈색의 경계선에서
잠든 귓바퀴들에 슬며시 던져보았을

길들여지지 않는 입맛에 대해
국경을 넘는 차바퀴에 대해
반수면의 구간에 대해
국경을 넘어도 닿지 않을 고국에 대해
그는 헛기침 한번 쿨럭이고 만다
차창 밖 끝없는 옥수수밭에서 시선을 허둥거리며

졸고 있는 스무 개의 머리들 틈에서
나 홀로 깨어 퍼즐 조각을 맞추어본다
한낮의 버스는 끄덕끄덕 밤의 문턱을 넘고 있는데

빈티지 상점

고속터미널역 환승 통로에 벽 없는 옷집
벽이 없으니 문도 없다
행거가 기둥이 되고 헌옷들이 벽이 된 상점에
버려진 시간이 누덕누덕 쌓여 있다

보풀이 일어난 회색 스웨터, 검정 펠트 모자, 체크무늬 주름치마……
스웨터 한쪽 어깨의 눌린 자국,
커다란 가방을 메고 다닌 여자였을까
소매에 남은 커피 얼룩,
커피를 좋아한 여자였을까

지워진 비문을 해독하듯
만난 적 없는 누군가의 한때를 뒤적이는데
행거와 행거 사이
빽빽한 헌옷의 숲 샛길로 누군가 걸어온다
공기처럼 가벼운 걸음으로 걷는 듯 나는 듯
옷 속으로 사라지는 해쓱한 얼굴

스웨터에 스민 그 시간의 주인일까
노선을 갈아타다 길을 잃은 것일까

3호선은 대화로 가고 7호선은 장암으로 내달리는데

노선표에 없는 내 방 드레스 룸에는
이따금 아는 얼굴 하나 남몰래 출몰한다
행거와 행거 사이
길 잃은 사람처럼 서성거리다
철 지난 시간을 찾아 호주머니를 뒤적이는 나를
전신 거울에서 목격한다

그 다리

어스름이 깔린 골목
아버지가 어둠 속을 걸어가고 있었다
각진 양복 어깨가 외등 불빛에 차갑게 빛났다
매달려 목말을 타곤 하던 그 어깨,
너무 가까워도 더 멀어져도 안 되었다
네 아버지 몰래,
어머니는 나를 깨우며 비장한 눈빛으로 말했다
기차가 지날 때마다 뒤척이는 방이었다
방문을 열고 나설 때 따라 나온 두려움이
칙칙한 안개에 섞여 눈앞에 자욱했다
불투명한 풍경 속을 바삐 걸어가는 아버지
문 닫힌 상점들이 귀신처럼 웅크리고 있었다
쥐 한 마리가 길을 가로질러 어디론가 사라졌다
버려진 과자 봉지를 밟았다
빈 봉지 속에 귀신이 숨어 있었을까
무언가 꿈틀거렸다 바스락 소리에 소름이 돋았다
네 아버지 몰래,
비장하게 말하던 어머니는 귀신같았다

아버지의 구둣발 소리가 어둠을 조금씩 밀어냈다
하천을 가로지르는 낡은 판자 다리
그 너머는 다른 세상,
상점과 집과 학교가 있는 이쪽의 나는
그 다리를 건널 수 없었다
무심하게 울리는 낮은 물소리
삐걱거리는 널빤지 소리가 개울 아래로 굴러떨어졌다
새벽 기차가 철교를 통과하고 있었다
입구에 서서 나는 오랫동안 바라보았다
물소리와 아버지의 발소리가
기차 바퀴에 짓이겨지는 것을
점점 멀어지는 아버지의 낯선 등을

강을 건너다

오래된 편지에서 그 사람의 이름을 보았다

그와 나는 바람을 가르는 공중곡예사
장대 하나 들고 강을 건넜다

하늘은 드높았고
장대 끝에 감기는 바람은 물엿처럼 유순했다

강심에 다다랐을 때
느닷없는 강풍이 외줄을 흔들었다
하마터면 장대를 놓칠 뻔했다

장대는 곡예사의 또 다른 뼈, 온 신경을 장대 끝에 매달았다

발끝을 핥는 바람의 긴 혓바닥

거품 물고 발작하는 강물이 아가리를 벌리고 있었다
가까스로 내뱉은 한 모금의 거친 숨

그 사람이 보이지 않았다
강은 허옇게 눈 흘기며 시침을 뗐고
하늘은 팔짱 끼고 딴청을 피웠다

그 사람이
오래된 편지 속에 출렁이고 있었다

빈집

아무도 없는 집에서
날숨을 다시 들이마시는 하루하루

벗어놓은 잠옷은 잠옷 그대로
방 안의 공기는 공기 그대로
사각의 틀에 갇혀 고체 비누처럼 굳어간다

욕실의 타월에서
비뚜름한 비눗갑의 비누에서
그의 체취가 날마다 조금씩 휘발되어 간다

정지된 사물들 위로
열렸다 닫히는 자동문처럼
아침이 가고
저녁이 온다

제3부

나쁜 마술

소각로 문이 닫히고 축제가 시작됐다
안과 밖을 가르는 저 완고한 방화유리문
데이비드 카퍼필드를 닮은 남자가 주문을 외자
폭죽 같은 불꽃이 튀어 올랐다
너울거리는 불꽃 제단 위에 꽃잎처럼 누운 너
불의 사제가 붉은 혀로 너를 핥을 때
나는 잠시 배화교 신자가 되었다가
데이비드 카퍼필드의 팬이 되었다
어디선가 낯선 바람이 지나갔다
일렁이는 불길 위로 떠오르는 영상,
네가 깨어나 걸어 나오고 있었다
날마다 문 밖으로 사라졌다 돌아오는 나를 반기던
네 눈 속 긴 기다림의 촛불,
어둠이 이를 꽉 다문 빈집에
다시는 너를 홀로 두지 않으리라 다짐한 순간
문이 열리고 돌아온 것은 한 줌 시간의 흔적뿐
카퍼필드를 닮은 남자는 끝내
너의 따스한 눈빛을 돌려주지 않았다

방어

동해횟집 수조 속 대형 방어 한 마리
큰 몸집 때문에 오늘도 아프다
다만 살아 있으므로
파도를 기억하는 지느러미의 본능으로
가볍게 옆구리를 흔들었을 뿐인데
주둥이가 자꾸 앞 유리벽을 찧는다
이렇게 좁은 데로 끌려 올 줄 알았다면
자라지나 말걸!
후회하듯 찧고 또 찧는다
찢어지고 피 맺혀도 태연한 눈빛
바다로 돌아갈 꿈이 남아 있는 한 울지 않겠다고
이게 다 살아 있기 때문이 아니겠냐고
항변하듯 찧고 또 찧는다
이렇게 된 바에야 실컷 살아나 보자고
쿵, 쿵, 쿵쿵쿵
부릅뜬 눈으로 통증을 삼킨다
주둥이 끝이 너덜너덜해질 즈음
횟집 남자가 느럭느럭 뜰채를 들고 다가온다

후진을 모르는 방어,

달아난다는 것이

또 주둥이를 유리벽에 쿵쿵쿵

리폼하우스

키 낮은 지붕들 어깨를 맞댄 골목
유행 지난 코트가 좁은 가게로 비집고 들어선다
캐시미어군요
빗물 자국 얼룩진 유리문으로 새어 나오는 말소리를
오후의 햇살이 엿듣는다
한참 때는 잘나가던 명품인 걸요
이제는 커져 버린 코트 한 벌
툭툭 털어 재봉틀 앞에 펼쳐놓자
눈 덮인 카슈미르 고원을 떠나온 산양 한 마리
성긴 갈기로 무릎을 펴고 일어선다
감쪽같이 줄이기는 힘들지만
이래봬도 한때는 양복계를 주름잡던 손이랍니다
허풍 든 어깨는 뜯어 좁히고
명퇴한 배짱은 가차 없이 버립시다
겉돌기만 하는 품도 한 뼘씩 줄이고
칼바람이 들락거리는 소매통도 죄어야 해요
사내의 혀끝에서 캐시미어 산양 한 마리 간단히 해체된다
두툼한 뱃살을 도려내고 어깨살도 발라내고

간신히 딛고 선 네 다리마저 훑어 내린다
노루발이 달리며 터진 살을 봉합할 때
한 시절 누비던 고원의 거친 눈보라가
산양의 뺨을 매섭게 후려친다
줄어든 제 몸을 물끄러미 내려다보는 늙은 산양,
침판 위에서 소리 없이 신음을 삼킨다

소 들어오는 날

정육점 유리문에 큼지막한 빨간 글씨
'오늘은 소 들어오는 날'

마장동을 빠져나온 소의 나신이 쇠고리에 매달려 있다
두 눈 껌벅이며 살아 있던 소는
뿔도 털도 뺏기고 내장 다 쏟아내고
죽지 않으려던 발버둥도 놓아버렸다
목장갑 낀 사내가 뼈에 붙은 살을 부지런히 발라낸다
삶의 역한 냄새가 장갑에 들러붙는다

한낮의 산부인과 진료실
의사가 돌아앉아 자판을 두드린다
난, 관, 포함, 난, 소, 자, 궁……
주문받은 품목을 꼼꼼히 입력한다
메스를 쥐고 내 복부를 가르고 내장을 뒤적이게 될
그는 전문가, 나는 의뢰인
그와 나는
무영등 불빛 아래 가랑이를 벌리고

뻔뻔함을 맡기기로 한 그렇고 그런 사이

'내일은 풍납동 대형병원 수술실에 늙은 암소가 되어 들어가는 날'

고깃국을 먹어야 속이 든든할 테지
고기 한 근 끊었다
비닐봉지 속 묵직한 소의 식은 살덩이
죽은 소가 뿔을 디밀고 깜깜한 내 삶 속으로 들어온다

겨울, 아우슈비츠

흰 방역복의 남자가 층층이 포개진 철망을 탄다
가스실로 변한 닭장 안은 이제 잠잠,
죽은 닭들을 닥치는 대로 아래로 집어던진다

알을 낳던 암탉들은 죽어서야 땅으로 내려온다
아직 남은 호흡이 따스하다

찬바람을 타고 조류독감 바이러스가 날아왔고
바이러스에게인지, 닭에게인지 독한 가스가 살포되었고
닭들의 사체는 쌓여 가는데

기절했던 한 마리가 깨어나 운다
아직 살아 있다고 기척을 한다

남자의 거친 손이 모가지를 낚아채
돌아가는 분쇄기에 재빨리 욱여넣는다
비명 소리가 잘게 부서지고 새빨간 피가 솟구친다
흰 가슴팍에 튀는 핏방울은

부스러지는 닭발이 내민 마지막 안간힘일까

분쇄기 소리에 부르르, 몸서리를 치다가도
남자는 애써 집에 두고 온 아이들의 눈망울을 떠올린다
시간 안에 다 해치워야지
다시 철망에 올라탄다

달걀

냉장고 아래 칸이 소란하다
똑같은 얼굴의 단체 투숙객들
똑같은 이름을 숙박부에 적어 넣고
차례대로 줄지어 체크인 한다
몸 뉠 데 없는 한 뼘 방은
알고 보면 그들의 마지막 기도처

언제일지 모르는 체크아웃 시간
무릎 꿇은 서른 개의 머리 위로
한 사발의 냉기가 쏟아지면
시린 이를 부딪치며 몸을 말아 웅크린다
이따금 문이 열리면 불빛이 어깨를 스쳐가지만
식은 몸은 다시 데워지지 않는다

저체온증에 빠진 몇몇은 벌써 인사불성,
흔들어 깨워도 말이 없다
다이어트 중인 주인 여자의 아침거리로
끓는 물에 뛰어들어 수란이 되거나

입 짧은 아이의 오믈렛이 되기 위해 온몸이 이지러지거나
아름다운 순교를 위해 깨어 있어야 한다

옆방의 얼굴 하나가 먼저 불려 나간다
깍지 낀 손등에 오소소 소름이 돋는다

목이 긴 검정 양말

교복을 입고 양말을 찾는다 검정 바지에 검정 케미슈즈, 케미슈즈 안에는 검정 양말인데 내 서랍엔 온통 색깔 양말뿐, 학교는 가야 하고 등교 시간은 다가오고 색깔 양말을 신었다가 규율부장에게 걸리면?

아버지 서랍을 몰래 뒤적인다 신으면 뒤축이 불룩 올라오는 목이 긴 검정 양말, 아버지 양말은 크고 따스해 날마다 한 켤레씩 필요했는데, 당신 양말이 자꾸 없어지네요, 어머니는 서랍을 잠가 버렸다 겨울은 길고 방학은 멀었고 그럴수록 더 신고 싶고 더 궁금해지던 서랍 속 그 양말

지하도 가판대에 수북이 쌓인 색색의 양말들, 다섯 켤레 한 세트로 묶여 있다 양말은 이미 너무 많은데 쭈그려 앉아 양말을 고른다 흰 양말 빨강 양말 줄무늬 양말, 세상의 양말은 모두 모아 놨는지 양말 위에 양말, 양말 아래 또 양말, 많고 많은 양말 더미 속에서 집어 든 목이 긴 검정 신사 양말

비닐봉지에 담겨 바스락, 양말이 궁시렁거린다 입을 교복

도 신을 아버지도 갖다 잴일 아버지의 서랍도 이젠 없는데,
그런데 인제 와서 그건 왜 사냐고

표류하는 밤

슬립사운드 앱에서 흘러나온 빗소리에
린넨 잠옷이 맥없이 젖어든다

물컹한 소리의 빗물을 베고 누우면, 비의 훌리건들
우르르 달려들어 나를 못질해댄다
쾅쾅 못이 박힐 때마다 검은 천장이 조금씩 내려앉는다

천장은 쥐들의 아지트, 불면을 앓는 종족의 소란으로 밤새 낮아진다 고성방가 풍기문란의 죄목으로 쥐덫이 놓이고 물정 모르는 촉법소년 쥐도 덫 속으로 들어온다 어머니는 무죄를 주장하는 쥐들을 덫째 물동이에 집어넣었지 물속에서도 반짝이던 까만 눈알들

비의 사체가 방 안에 흥건하다
흐르지도 꿈꾸지도 않는 분자들
벌떡 일어나 스크럼을 짜고 나를 에워싼다

바다에서 침대 위로 수위는 점점 높아지고

나는 숨이 막히고
물동이 속 쥐들은 벌컥벌컥 물을 켠다 문 열어줘
문 열어줘—

빗소리에 단단히 비끄러 매여 열린 문틈을 빠져나간다
캄캄한 골목을 돌아 나와 시커먼 밤의 뱃속으로
끝없이 떠내려간다

물구나무선 오후 세 시

길 건너 양말 가게 앞, 거꾸로 선 마네킹 다리들
물구나무서서 페달을 밟는 것 같다
발끝 쳐들고 쉬지 않고 돌려도 여전히 그 자리
굴러가는 헛바퀴에 허공이 움푹 팰 즈음,

오후 세 시가 그림자를 이끌고 길을 건너온다
한 걸음에 한 뼘씩 짙어지는 시름이
먼지 쌓인 양말 더미에 내려앉는다
아무리 걷어차도 피할 수 없는 생의 그늘들

횡단보도 위 무풍지대
졸음을 실어 나르던 버스가 흰 빗금 앞에 멈춘다
바퀴를 내려놓고 잠깐 하품하는 사이
멈춰선 길은 재빨리 권태의 보폭을 잰다

녹색 신호등이 깜빡거리고
노면 위 백색 출렁다리를 지나가는 종종걸음이
아스팔트 검은 수렁을 아슬아슬 건너는데

어디선가 달려온 배달 오토바이가
출렁거리는 그림자를 치고 달아난다

길바닥에 스키드 마크가 길게 그어진다

창곡동

실외기들 즐비한 상가 뒷골목에 밤이 내린다
입구를 막아선 플라스틱 장벽 너머는
담배꽁초 함부로 내던져진 생의 사각지대

찰방이는 어둠을 밟고
어린 길고양이 한 마리 숨어든다
녹슨 쥐덫과 찢어진 슬리퍼 짝 나뒹구는

길 위에서 태어나
길 위를 헤매다
길에서 죽어갈

야윈 등이 사람의 기척에 몸을 숨긴다
출생부에 없는 목숨 하루하루 이어가다
혼자 젖니가 빠지고 어른이 되어갈 테지

따뜻한 방과 부드러운 손길은 꾸어본 적 없는 꿈
겁먹은 레몬빛 눈동자에 그득한

단 하나의 소망은 배부른 나날

가로등 불빛도 돌아앉은 깊숙한 골짜기에
꼬리 처진 또 하루가 지나고 있다

아쿠아로빅

로프를 푼 수영장에 점점이 박힌
두건 쓴 여인들이 팔을 내젓는다
앰프에서 울리는 음악에 맞춰
손가락 사이로 빠져나가는 물을 움켜쥔다

물갈퀴를 혹은 지느러미를 가졌던 시절이 있었다지
물고기에서 인류로 되었다는 진화의 대열에서
밥 짓고 자식 키우느라 뒤처진 그녀들

양서류 구간쯤이나 지나왔을까
올챙이를 닮아 볼록한 배를 내밀고
락스 냄새 코를 찌르는 물속에서 점프, 점프
퇴화된 부레는 던져 버리고
호, 호, 흡, 흡,
언제쯤 사람이 될 수 있을까

캄브리아기 데본기 중생대 뛰어넘고 곧장 상륙을 준비한다

남들은 진작 빠져나간 길 끝에서
남편 먼저 보내고 다섯 자식 다 키우고
힘겹게 물 밖으로 오른 점례 할머니
샤워장으로 가는 짧지만 긴 통로 바닥에
기우뚱, 중심을 잃고 쓰러졌다
쭈그러든 부레를 버리지 못한 탓이다

아가멤논의 침묵

왕이 돌아가려 하네 나의 왕이
튜브와 링거 줄을 군장처럼 매달고서
후미진 지방도시 종합병원 6인실에
꿈을 꾸듯 고요히 누워 있다

느닷없이 커튼을 열어젖히고
주사기를 톡톡 두드리며 간호사가 들락거려도
당신은 말이 없다

승전고를 울리던 한때
돛폭 펄럭이며 에게해를 건너온 당신이
어쩌다 이곳까지 흘러들었는지

철제 침대 옆 이름표 뒤에 높은 신분을 숨기고
구깃구깃한 환자복을 꿰입은 당신은
오래전 멸망한 신화 속의 왕

버스와 기차를 갈아타고 급히 달려온 나는

후줄근한 몰골로 당신을 알현한다

두고 온 궁전의 일은 잊었다는 듯
당신은 여전히 말이 없다
떠나간 연어가
강으로 돌아왔다는 뉴스가 병실을 한 바퀴 돌았다
당신도 이제 떠나온 곳으로 돌아가려 하는데

숨겨진 유적을 발굴하듯
겹겹의 주름을 쓸던 내 손끝은
당신의 가슴뼈에서 화석이 된 이름을 찾아낸다

이피게네이아가 죽은 건 당신 뜻이 아니었어요

그리될 일이 그리되었을 뿐
다 지나간 일이라고
주삿바늘 꽂힌 부왕의 손등에 입을 맞춘다

전화를 걸었다

뚜뚜뚜, 신호음이 울린다
영원히 닿지 않을 걸 알면서도
전화를 걸었다

그곳에 무사히 도착했는지 새 거처는 마음에 드는지 당신이 좋아하던 정원 딸린 주택인지 뒷마당에 채마밭은 일구었는지 그 밭에 김장배추는 몇 포기나 심을 건지 담 밑에 옮겨 심은 고추 모종 지지대는 세웠는지 여린 풋고추 따서 고추장에 푹 찍어 점심은 먹었는지 어쩐지 신수 훤하고 굽은 허리도 곧게 펴고 구릿빛 얼굴에 주름살이 펴지도록 함빡 웃고 있을 것 같아

신호음이 끊길 때까지
전화를 걸었다

제4부

파이트 클럽

어딘가 아픈 사람들이
아픈 곳을 더욱 두들겨대는

클럽의 스파링 상대는 자기 자신,
벽면 거울 속에 각자의 파트너가 서 있다

훅을 던지고 몸통을 날려 부딪쳐도
번득이는 강철 거울 속 날렵한 상대는
좀처럼 쓰러지지 않는다

수많은 펀치와 스윙이 지나간 후
휘장을 젖히고 곪아가는 환부를 들춰낸다
브래지어를 벗고 상반신을 노출하자
거울 속에 어른거리는 물렁한 급소

언제까지나 감추고 싶은
나의 가장 허약한 치부,
마음이란 것을 향해 스트레이트!

Dexa*

흰 문을 열면 네가 있다
탈의를 하고 가운 한 장 걸치고
복도에서 기다리면 전광판에 뜨는 이름들
김*희 최*선 이*숙……
하나같이 가운데가 *인 돌림자

문이 열리고 이름이 불리자
나도 모르는 내 혐의를 부인 못하고
덱사, 네 몸 위에 내 몸을 가만히 포개 눕힌다
꼭 일 년 만이지

둘만의 회포를 푸는 침침한 한낮의 검사실
시중드는 직원이 자리를 뜨고
그제야 우리는 서로를 느끼기 시작한다
착착착착, 은근한 신음을 물며 네가
허여멀건 대퇴부를 거쳐 등뼈를 하나하나 훑어 올라올 때
나는 가만히 눈을 감는다

흰 어깨를 구부리고 은근히 굽어보던 너는
손을 뻗어 살갗 속 내 뼈들을 하나하나 애무한다
모일 모시 모처에서 무얼 했는지
뼛속에 새겨진 알리바이라도 캐내려는지
착착착착, 나직하고 부드러운 소리로
아래에서 위로, 다시 위에서 아래로

모처럼의 거사를 치른 후 앞섶 터진 가운을 여미며
덱사, 네게서 나는 다소곳이 내려온다

---

*골밀도 측정기.

도굴의 순서

푸른 복면의 남자가
날카로운 메스로 내 복부에 구멍을 뚫는다
되도록 작게 흔적이 남지 않게

밀실의 봉인을 풀리고
열린 구멍으로 공기를 불어넣는다
둥글게 뱃가죽이 솟아오를 동안
멸망한 왕조의 고분처럼
나는 쓸쓸히 누워 있다

빛나던 한때를 떠올릴 새도 없이
뱃속 허공을 가로질러 복강경 튜브가 꽂히고
내장 위로 서둘러 긴 회랑이 세워진다
가위와 겸자가 드나들 좁다란 통로

신이 빚은 유물로 그득한 봉분 속
어두운 미로를 지나 서치라이트가 밀실을 비춘다
남자의 이마에 땀방울이 맺히고

혈투 끝에 낭하로 끌려 나오는 건
나의 일부였던 것

내 안의 집이 허물어졌다

창을 닫고 남자가 사라진 후
귀기 서린 방 안에서 나는
자수반 무너지고 있다

러시안룰렛

물 한 잔 들이켠다
순백의 타원형 정제와 함께

연근 속대처럼 구멍 뚫린 뼈를
단단하게 채워줄 묘약, 비스포스포네이트

한 잔 더 들이켠다
식도 지나 위장으로 단번에 굴러떨어지도록

백 년은 더 살 거야
철골로 지은 집처럼

오늘의 요리는 연근 속 메우기
밀가루는 저항 없이 구멍을 잘도 메우지만
비스포스포네이트는 저 스스로 백색 탄알이 되어
재수 없는 사람의 턱뼈를 날려 버리기도 한다지

흔한 일은 아니라며 의사는 처방전을 건넸지만

흔하지 않단 말은 드물게는 있다는 말

똑같은 처방전을 받아 든 사람들이
돌아가며 러시안룰렛을 하는 아침
서울에서 탕, 도쿄에서 탕,
파리 런던 모스크바 뉴델리……
희고 검고 노란 몸속으로 날아간 비스포스포네이트

어느 턱뼈에 실탄이 명중할지
구멍 숭숭 뚫린 연근이 몇 개째 부러지고
밀가루로 막지 못한 내 안의 구멍으로
방아쇠를 당긴다, 탕

벨리댄스

문화센터 거울 방
댄스복을 입은 반라의 여인들이 춤을 춘다

술탄의 앞에 선 하렘의 여인들인 양
드러낸 배꼽을 빙글빙글 돌린다

찰랑거리는 장식품 소리도 덩달아 돌고
몇 번인가 부풀었다 바람 빠진 다산의 방
복부에 채워진 단추들이 일제히 떨린다

큰 단추가 작은 단추를 낳고 그 단추가 자라 또 다른 단추를 낳는

단추에서 단추로 이어지는
단추의 계보를 읽는 시간

춤사위에 취한 술탄이 자리에 듭신다네
아들을 낳아 드릴까요 딸을 낳아 드릴까요

골반을 흔든다 쉬미쉬미
힙 스카프 끝 동전이 짤랑대도록

눈물겨운 몸부림은 그치질 않고
둥근 뱃속 소화되지 않은 밥알은 멀미를 하고

길고 흰 목덜미

그 철길 생각난다 낮 12시 조금 지나 철커덩철커덩 기차가 지나가면 그 곁 우물 안 두레박 찰랑이던

엎질러진 우물물이 달려가는 좁은 골목 안 빈방에 외줄기로 흘러든 목이 긴 여자, 이삿짐보다 부피 큰 소문이 뒤따라온

어디에서 왔는지 무얼 하다 왔는지 흰 목덜미에 긴 머리칼 늘어뜨리고 초점 잃은 눈으로 먼 곳을 응시하던

그 여자의 방에 콧날이 날카로운 앳된 청년이 드나든다는
아들도 조카도 아닌 그렇고 그런 사이라는
소문은 소문을 낳고 날마다 번식을 거듭하더니

계절이 한 차례 바뀌고 여자는
골목을 들어선 그날처럼 홀연히 사라졌다

어디로 갔는지 무얼 하고 사는지

우물가에 부풀어 오른 소문이 사그라들 즈음
하루살이 떼 달려드는 철길에 맨발로
망초꽃을 머리에 꽂고 나타난 그 여자

아무것도 바라보지 않는 눈으로
아무도 아닌 자신에게만 웅얼웅얼
말을 걸고 혼자 히죽 웃으며
철로를 따라 겨울로 겨울로 걸어가던

그 여자의
망촛대 같은 긴 목덜미에 덤불져 내린 검은 머리칼

꽃들의 싸움

차례상을 물린 자리에 물 빠진 군용 담요가 펼쳐진다
모처럼 만난 친척들, 훈훈하게 둘러앉아
반으로 접은 담요 위에 알록달록 안부를 던진다
여전하시네요, 이게 얼마 만이냐
붉은 등을 보이며 엎드린 화투 패를 덕담처럼 나눠 가지고
저마다 손 안의 패를 은밀히 가늠해본다
정월 초하루 해가 중천을 넘어가며 기웃거리는데
공산 위엔 둥근 낮달이 떠올랐다
오동나무에서 수탉이 때늦은 홰를 치고
한겨울에 활짝 핀 벚꽃들, 잇달아 매화 난초 국화 모란
철 모르는 꽃들이 앞다퉈 피어난다
끗발 좋은 이 하루는 달력 밖의 계절,
고! 외치는 소리에 싸리 덤불 속 멧돼지가 달려 나오고
쫓기던 사슴이 몇 바퀴째 울안을 맴돌고 있다
느닷없이 비가 뿌리자 떨어진 꽃잎들이 바닥에 짓이겨진다
젊고 늙은 손들이 모였다 흩어지고
동전이 쩔그렁, 풀밭 가를 구른다
구경만 하던 조상은 돌아간 지 오래,

우산 쓴 선비가 인제 그만하라고 손을 내저어도
풀밭을 에워싼 육중한 말뚝들은 뽑힐 줄을 모른다

입고기

내 나이 스물하나 여리고 푸른 귀를 가졌을 때 바람 부는 거리에서 그를 보았네 긴 머릴 흩날리며 그는 흰 잇새로 피리 소릴 흘렸지 미다졸람과 프로포폴이 뒤섞인 소릴 내었지

나 아직 여리고 푸른 귀를 가졌으므로
하멜른의 아이들처럼 피리 소릴 따라갔네

붕겔로젠 거리를 떠나 육교 넘고 8차선 도로 건너 두레박이 세 번 도는 우물을 지나 낯선 골목으로 이끌려갔네 눈 쌓인 길 위의 연탄재를 밟고 전진 또 전진, 높다란 담장 속에 우뚝 선 외딴집으로

나는 보지 못했네 담장 위에 꽂힌 깨진 거울 조각들을
햇빛을 잘라 먹던 유리의 혀들을

등 뒤로 철컥 철문이 닫히고 피리 소린 들리지 않았네 들리지 않았어 늙은 안주인이 탕탕 지팡이를 구르자 낮고 묵직한 찬가가 울려 퍼졌네 그는 어느새 무릎 꿇고 머릴 조아리고

장승들이 눈을 부릅뜬 외딴집은 그들만의 치외 법권 지대
밤새 담장 위의 유리 조각들은 한 뼘씩 자라나고
출구는 없었네 어디에도 없었네

따라온 건 너야
피리 소릴 들은 것도, 그를 본 것도
바로 너!

나는 갇혔네
내장 다 쏟아내기 전엔 빠져나올 수 없는 성벽 안에
푸르렀던 내 귀는 검게 굳어져 갔네

스틸 컷

일곱 살 계집아이가
어머니와 나란히 앉아 공터를 바라보고 있다

서로의 무릎이 닿을 듯 어색한 그 자세는
아이가 기억하는 어머니와의 가장 가까운 간격
그러나 정작은 저 공터 끝보다 더 먼 거리감

무너진 블록 담장에 잇닿은 공터는
자잘한 사암 알갱이들 구르는 불모지
머리 위로 무거운 기류가 움직이고 강풍이 불기 시작했다

낮은 슬레이트 지붕 위로 어둠이 떨어질 때
검은 머리의 어머니가 울먹였다
저 바람이 우릴 날려 버릴 거야

알 수 없는 어머니의 말이 어두운 공터를 한 바퀴 휘돌아
아이 앞에 우뚝 섰다

눈이 매서운 악귀가 달려오고
아이는 끌려가지 않으려고 울었다

흙먼지가 뿌옇게 일어나고 사암 알갱이들 날아와
담장 아래 갓 돋은 풀잎을 때렸다
쓰러진 풀잎들이 담벼락에 쓸렸다

우우우, 그날의 바람 소리 귓가를 맴돌고
사암 알갱이들 날아와 아프게 두들긴다

칸나의 집

의식과 무의식 사이 그 어디쯤
틈을 비집고 네가 건너왔다
밥을 먹다 말고 불쑥 건넨 인사말,
이게 얼마 만이야? 너 죽은 지 오십 년 만이구나
저 너머의 시간은 더디 가는지
너는 아직 소녀
눈물 맺힌 긴 속눈썹으로 나를 물끄러미 바라보다
먹어본 적 없는 밥을 들여다본다
맛있어?
밥은 맛으로 먹는 게 아니야
목구멍 가득 밥을 욱여넣는 나를
알 수 없다는 듯 빤히 쳐다본다
거긴 지낼 만해?
대답 대신 어릴 적 나처럼
치열이 고르지 못한 이를 드러내고 웃다가
새파란 입술을 다물어 버린다
물에 만 밥알들이 엉겼다 떨어진다
함께하지 못한 시간들이 물속으로 알알이 흩어진다

밥알을 뒤적이던 수저 끝으로
살아보지 못한 너의 미래를 건져올린다
수저 가득 미안함이 담긴다
치아 교정기를 걸고 노랗게 물들인 단발머리를 찰랑이며
너는 죽지 않은 것처럼 태연히 걸어나간다
식탁 위에 가지런히 놓인 수저 한 벌
죽어 있는 건 내가 아닐까
발목 없는 유령처럼 물구나무서서 네가 사라진 쪽을 본다
둥글게 휘어진, 바닥이었던 천장을 붙들고 단단히 매달린
다
탁자 위 물이 쏟아지지 않는 꽃병
거꾸로 꽂힌 채 붉은색을 잃어가는 칸나 한 송이
여긴 장방형의 콘크리트 석곽일지도 몰라,
눈알이 튀어나올 것 같은 중력의 반격
고여 있던 공기가 숨을 턱턱 막는다

오믈렛

꿈을 꾸다가 눈을 떴다 모르는 아이가 옆에 누워 있었다 나와 닮은 여자아이였다 주방으로 가 밥을 차렸다 오믈렛을 부치려고 달갈을 깨뜨리다 그만 그릇 속에 껍질이 들어가고 말았다 아이가 오믈렛을 먹다 껍질을 씹다 울음을 터뜨렸다 좀처럼 그치지 않았다 내가 만든 오믈렛에 화가 난 건지 내게 화가 난 건지 알 수 없었다

아이를 달래려고 밖으로 나갔다 문 밖은 우거진 숲 샛길, 다람쥐를 쫓아 숲으로 간 아이가 한참 만에 돌아왔다 예쁘장한 사내아이와 함께였다 다람쥐를 놓쳐서 대신 데려왔다고, 길 잃은 아이라고 했다 어둠이 커다란 손바닥을 펼쳐 머리 위를 덮치자 아이들과 서둘러 숲을 빠져나왔다

어둑한 주방에 불을 켰다 가장 큰 유리그릇에 남은 달걀을 모두 깨뜨려 넣었다 껍질이 안 들어가게, 안 들어가게, 베이킹소다도 조금, 탁탁탁 달걀 휘젓는 소리를 따라 거품이 일었다 손 그림자가 너울거렸다 거품이 식탁 아래로 흘러넘치자 아이들이 환호성을 터뜨렸다 창문으로 고개 디밀고 엿보던

달이 그림자를 떨구고 도망쳤다 나는 멈추지 않고 달걀을 저었다 팔이 빠져라 저어댔다 저 달처럼 크고 둥근 오믈렛을 만들어주마

팬을 달궜다 달걀 푼 물을 부으려는데 거품이 뭉게뭉게 열린 창으로 달아났다 아이들이 거품 위에 올라타더니 창문을 빠져나가 끝없이 떠올랐다 달이 구름 조각을 끌어당겨 흑점을 가렸다 아이들이 웃으며 손을 흔들었다 내게서 점점 멀어져 갔다

우리 동네로 이사 올 거라고 했다

거기 어때? 살기 좋아? 전화기 너머 그녀의 들뜬 목소리 동네에 하나뿐인 대형 마트 지하 식품부로 내려가는 무빙워크에 나는 하행선 그녀는 상행선 어쩌면 마주치게 되겠지 꾀죄죄한 차림에 슬리퍼 끄는 내 모습 들키기 싫은데 어쩌지, 남산타워만큼 우뚝한, 타워 위의 흰 구름같이 드높아 가까이 다가갈 수 없던, 그녀는 하행선 나는 상행선 마주치게 될까 봐 우중충한 겨울날에도 곱게 보이고 싶어 한여름 역시즌 할인매장서 두툼한 외투도 한 벌 샀는데, 여름 가고 가을이 와도 오지 않더니 겨울 어느 날 느닷없이 두고 온 행성으로 되돌아갔다 중력 훌훌 벗어던지고 구름 너머로 날아가 버렸다

해설

세계의 끝에서 돌아보는

이현호(시인)

한 권의 시집을 읽는 일은 하나의 세계를 여행하는 것과 같다. 시인의 작품을 논할 때 흔히 '시세계'라는 말을 쓰는 것도 그래서일 테다. 시세계는 시인이 시로써 표현한 세계상이다. 그것은 시인의 삶과 생각, 감성과 상상력이 반영된 독자적인 영역이다. 시집을 펼치며 그곳에 발을 들인 우리는 시인의 눈으로 보고, 시인의 귀로 들으며 익히 알던 세상을 새로이 감각한다. 관습적 사고가 전복되고, 비밀은 까발려지며, 상상은 실재로서 출몰하고, 풍경은 생소해지며, 말은 다시 태어난다. 이제 세상은 더는 전과 같지 않다. 우리는 외국에 첫발을 디딘 여행자처럼 모든 것이 낯설어진 세계와 만난다. 한 편의 시를 읽을 때마다 그 세계 속으로 한 걸음 더 깊이 들어간다.

이 여정은 우리가 보통 여행에서 기대하는 것과는 다르기 십상이다. 시인이 시로 그리는 것은 여행자를 유혹하는 화려한 환상이 아니라 세상의 실상인 까닭이다. 시인은 그동안 우리가 몰랐거나 모른 척했거나 잊고 있었던 세상의 이면을 최초로 발견하여, 아니 발명하여 우리 앞에 전시한다. 또한 마음 깊은 곳에 묻혀 있던 고통과 상처까지 스스로 파헤쳐 드러낸다. 우리가 시를 어려워하고, 종종 시 속에서 길을 잃기도 하는 것은 자연스럽다. 그것이 이 여행의 본질이다. 시집의 마지막 페이지를 덮으며 여행을 마친 자가 집으로 돌아가듯이 자기 자신에게로 돌아간 우리는 하나의 시세계를 지나오기 전과는 다른 존재가 된다.

이원숙 시인의 첫 시집인 『거미학자와의 인터뷰』를 읽다 보면, 유난히 여행하는 기분이 든다. 일차적으로는 시에 외국 지명이 자주 나와서일 테다. 아프리카 빅토리아 폭포, 프랑스 루브시엔, 베일마운트 빙하호, 페루, 힌두쿠시산맥, 밴쿠버, 시애틀, 카슈미르고원, 에게해, 붕겔로젠 거리 등등. 시집에서는 익숙하기도 하고 생경하기도 한 이국의 풍경을 곧잘 마주칠 수 있다. 시의 여러 화자는 여행자로서 시인의 시세계를 처음 여행하는 우리와 다르지 않다. 시를 읽어 나갈수록 우리는 화자를 굽어보던 태도에서 벗어나 화자와 같은 위치에서 그에게 공감하게 된다. 우리는 익숙한 일상의 풍경이 뒤틀리고, 계획과 예측은 빈번히 빗나가고, 희망의 탈을 쓴 절망이 활개

치는 낯선 세계를 그와 함께 떠돈다. 우리가 몸담은 현실과 시인의 심상에서 기원한 이 세계는 그럴싸한 관광지라기보다는 폐허를 닮았다. 여정은 "캄캄한 골목을 돌아 나와 시커먼 밤의 뱃속으로/끝없이 떠내려"(「표류하는 밤」)가는 방황이 되고, 그러면서 우리는 몇 가지 사실을 깨닫게 된다. 이 시집은 여행기가 아니라 생존기라는 것을. 시로써 "내가 흐른 뒤에도 길 위에 남아 오래 서성거릴 흔적을/나 여기 왔었다는 부질없는 항변을 가만히 새겨 넣"(「방명록」)은 기록이라는 것을. 이것이 쓰인 자리에서 바로 우리가 살고 있음을.

폐쇄되어 범람하는 세계

『거미학자와의 인터뷰』가 그리는 세계의 풍경은 어둡고 축축하다. 이 세계에는 장마가 끝나지 않을 것처럼 늘 비가 내린다. 안개비, 는개, 이슬비같이 맞을 만하거나 여행에 운치를 더하는 낭만적인 것이 아니라, "백 년 동안 내릴 비가 한꺼번에 쏟아진 것"(「상습 침수지대」) 같은 엄청난 빗줄기가 퍼붓는다. 이것은 재해다. 거리는 물에 잠기고, 비의 장막에 갇힌 사람들은 어디로도 가지 못한다. 빗줄기 사이로 언뜻언뜻 비치는 세상은 잿빛으로 물들어 있다. 이런 암울한 환경은 으레 그곳에 사는 이들의 마음에도 영향을 미친다. 답답함과 우울

함이 화자의 정서를 지배한다.

> 폭우가 쏟아졌고 거리는 물바다가 되었다/(중략)//낡은 배수로를 역류하는 빗물은 이 거리의 명물이다
>
> —「상습 침수지대」 부분

> 슬립사운드 앱에서 흘러나온 빗소리에/리넨 잠옷이 맥없이 젖어든다//물컹한 소리의 빗물을 베고 누우면, 비의 훌리건들/우르르 달려들어 나를 못질해댄다//(중략)//바닥에서 침대 위로 수위는 점점 높아지고/나는 숨이 막히고
>
> —「표류하는 밤」 부분

> 칠월 하늘이 제 무게를 더는 감당 못하겠다고/층계도 없는 공중을 달음박질쳐 내려온다/천지간은 지표면에 속속 도착하는 빗방울로 그득하다/번들거리는 거리는 무방비로 젖어들고
>
> —「몬순 시기」 부분

여행자가 여행지에서 가장 만나고 싶지 않은 것이 바로 이런 악천후 아닐까. 계획한 일정은 모두 취소할 수밖에 없고, 집으로 돌아갈 수도 없는 상황. "거리는 물바다"가 되어 옴짝

달싹하지 못한 채 계속 숙소에만 갇혀 있다면, 그것은 더는 여행이 아닐 것이다. "창밖이 어둑해지고 빗방울이 날리기 시작한다 빈 유리창에 무수한 사선이 그어지더니 화살이 되어 동공으로 날아든다//눈앞이 흐려 아무것도 보이지 않아서/가방이 무거워 아무 데도 갈 수가 없어서"(「가방의 안쪽」)라는 구절에서처럼, 날이 개기를 소원하며 하염없이 창밖을 지켜보는 이에게 센바람을 이기지 못하고 사선으로 내리꽂히는 빗줄기는 감방의 쇠창살과 다름없다. 더욱 절망적인 것은 이 상황을 타개할 방법이 없다는 점이다. "우르르 달려들어 나를 못질"하는 "비의 훌리건들" 앞에 선 화자는 한없이 무력하다. 거스를 수 없는 자연재해를 맞은 화자에게는 그저 "맥없이 젖어"드는 것 말고는 별다른 도리가 없다. 사람뿐 아니라 세계 전체가 "무방비로 젖어"들 뿐이다.

"수위는 점점 높아지고/나는 숨이 막히"는 상황은 계속된다. 속수무책으로 갇혀 있을 뿐인 화자는 이 세계를 닫힌 공간으로 인식한다. "나는 갇혔네/내장 다 쏟아내기 전엔 빠져나올 수 없는 성벽 안에"(「입교기」), "여긴 장방형의 콘크리트 석곽일지도 몰라,/(중략)/고여 있던 공기가 숨을 턱턱 막는다"(「칸나의 집」), "사각의 틀에 갇혀 고체 비누처럼 굳어간다"(「빈집」) 등의 구절은 화자의 이러한 세계 인식을 잘 드러낸다. 폐쇄된 공간에 끊임없이 비가 내린다면, 결과는 뻔하다. 세계는 마침내 수족관처럼 완전히 물에 잠긴다. 물속 세상이 되어버린 세계에는 이제 입구도 출구도 없다. 「열대어」에서 "물속 광장을" "하릴없이 빙빙" 도는 열대어는 이 세계에 사는 모든 존재의 처지를 대변한다. "무력한 지느러미를 추스르고 달아나려 해도/이 광장엔 출구가" 없고, "물속에 권태가 나른하게" 퍼진다. 세상에는 "권태가 곰팡이 핀 얼굴들"만이 "둥둥 떠다닌다"(「페루행 완행열차」). 이때의 권태는 어떤 일이 시들해져서 생기는 게으름이나 싫증과는 성격이 다르다. 그것은 "아, 내일도 대체로 향기롭지 않을 예정입니다"(「빅토리아 탄산수 복숭아 향」)라는 비관적 전망에서 비롯한 체념에 가깝다. 또한 숨이 막히는 이 상황을 어쩔 수 없이 자기의 존재 방식으로 받아들인 자가 느끼는 절망의 다른 이름이기도 하다.

권태는 아무것도 바꾸지 못한다. 희망이 있다면 그것은 감내의 시간이 될 테지만, 이 세계에는 희망이 부재한다. 빠져나갈 길 없이 막혀 있는 세상에 하염없이 비만 쏟아진다. 결국 물이 범람하고, 세상은 대홍수에 휩싸인다. 화자들은 수재민이 되어 이곳저곳을 떠돈다. 같은 떠돎이라도 목적지가 있으면 여행이지만, 갈 곳이 없다면 방랑이 된다. 화자들은 정처 없이 방황하며, 세상을 흘러 다닌다. 시집 곳곳에서는 이렇게 표류하는 화자들의 모습이 다양하게 변주된다.

> 문제를 풀다 말고 새하얘진 머리를 흔들며 몽유병자처럼 걸어 나간다//길은 위로만 열려 있다고 엄마는 말했

지//(중략)//돌아갈 집은 떠내려가고 없다

—「발밑의 검은 입」 부분

길 잃은 사람처럼 서성거리다/철 지난 시간을 찾아 호주머니를 뒤적이는 나를/전신 거울에서 목격한다

—「빈티지 상점」 부분

세탁소로 빵집으로 버스정류장으로 뿔뿔이 흩어지는 걸음들, 어디론가 떠내려간 발들은 돌아오지 않고 희미한 발자국은 몸을 떠난 유령이 되어 길 위를 떠돈다

—「방명록」 부분

앞서 언급한 「열대어」에서 화자인 열대어는 끝내 수족관에서 탈출한다. 시는 그 열대어의 마지막을 묘사하며 끝난다. "눈을 감고 전속력으로 점프! 철퍼덕, 파닥파닥/그리고 블랙아웃." 시집에는 열대어처럼 이 세계에서 벗어나기를 꿈꾸는 화자들이 등장한다. 그 탈주는 성공하기도 하고, 실패하기도 한다. 그러나 어느 쪽이든 고통스럽기는 마찬가지다. 탈주에 성공한 이들을 기다리는 것은 "블랙아웃"이거나 "돌아갈 집은 떠내려가고 없"는 "유령이 되어 길 위를" 떠도는 삶이다. 탈주에 실패하거나 그것을 시도조차 하지 않은 이들도 다르지 않다. 위에 인용한 세 편의 시를 비롯하여 시집에는 '길'이

라는 시어가 많이 나오는데, 그 길에는 방향도 목적도 없다. 화자들은 길 위를 몽유병자처럼 서성거리고, 헤매고, 떠돌 따름이다. 흘러넘치는 물처럼 화자들은 어딘가에 머물지 못한 채 이리저리 쓸려 다닌다. "길바닥에 스키드마크가 길게 그어"질 때까지, 그들은 "아무리 걷어차도 피할 수 없는 생의 그늘"(「물구나무선 오후 세 시」) 속을 표류한다.

이정표가 없는 세계의 끝에서

머리만 남은 아버지가 마지막 숨을 몰아쉴 때 나는 거칠게 다그쳤어요 안 돼요, 천 개의 이야기가 끝나지 않았다구요 꺼져가던 아버지 눈빛으로 대답하셨죠 얘야, 너도 날 구하지 못했잖니?

—「거미학자와의 인터뷰」 부분

한 줌 뼛가루로 변신한 내 아버지/머리 긁적긁적 계면쩍은 웃음 흘리며/솔솔솔, 한지 꾸러미 속에서 빠져나와/섬잣나무 그늘 밑 깊은 구덩이에/영영 숨어버렸네

—「숨바꼭질」 부분

나는 다리 저편을 향해 팔이 빠져라 손을 흔든다/그 얼

마 후 서둘러 하늘로 떠난 할머니와/혼자 남겨진 다리 위의 그 아이를 향해

—「몬순 시기」 부분

이토록 불행한 세계에 놓인 화자들은 무엇으로 살아가는가. 현재에 안주하지 못한 자는 으레 과거와 미래에 기대게 된다. 과거가 행복했던 시절의 추억이라면, 미래는 상황이 지금보다는 나아질 것이라는 희망이다. 이 시집의 화자들 역시 마찬가지다. 그들은 먼저 고향을 떠난 이가 향수병을 앓듯이 과거를 그리워한다. 화자들이 주로 추억하는 대상은 할머니와 아버지다. 시집에는 위에 인용한 시 외에도 「전어」, 「목이 긴 검정 양말」, 「아가멤논의 침묵」 등 할머니나 아버지가 나오는 시가 많다. 화자들은 그들과 함께한 유년 시절을 좋게 기억하지만, 그 기억조차도 화자를 위로하지는 못한다. 추억의 끝에서 화자는 지금 그들이 곁에 없음을 상기하며, 슬픔에 잠긴다. 추억은 이미 경험한 그들과의 이별을 다시 겪는 일이 되어 그때의 고통을 되새기게 한다. 다른 이들과 추억도 비슷하다. "몸을 뒤척이며 누군가를 불러보아도 캄캄한 사진 속 가족들은 각자의 어둠 속으로 흩어지고 없다"(「검정 비닐을 뒤집어쓴 밤」). 화자들의 기억 속에서는 기어이 모든 관계가 해체되고, 단절된다. "둘이 백 년은 끄떡없을 거라던 그는/아침이면 일어나 집을 나"가고(「통조림」), 화자들은 "버릴 곳을 찾

지 못해 버릴 수가 없어서/두고 간 그의 옷을 한 아름 끌어안고//창밖을 서성"거린다(「버려진 날개」). 관계의 회복을 꿈꿔보기도 하지만, 그것은 죽은 사람에게 걸어보는 전화처럼 "영원히 닿지 않을"(「전화를 걸었다」) 바람일 뿐이다. 끝내 타자는 화자를 잠시 위로할 수 있을지언정, 현실을 견디는 힘이 되어주지는 못한다.

현재에서도 과거에서도 위안을 얻지 못한 화자에게 남은 것은 미래뿐이다. 암흑천지를 걷는 것과 한 점의 빛을 향해 가는 것은 완전히 다르다. 작은 희망이나마 있다는 것은 무엇보다 살아가는 데 힘이 된다. 주지하다시피 문학에서 '꽃'과 '별'은 흔히 희망을 상징한다. 이 시집에서도 그렇다. 그러나 시인은 저 죽은 비유를 그대로 가져다 쓰지 않는다. 꽃과 별은 겉으로 보기에는 단순히 희망을 상징하지만, 그 속내를 들여다보면 그것은 이중의 절망이다. 화자들이 길 위에서 만나는 꽃은 "짧은 휴식을 알리는 종소리일 뿐/해가 지면 소리 없이 잊"히고(「계단을 오르다」), '어두운 하늘을 간신히 밝히는 별'이 "빛나는 것은 다만 하룻밤의 일"(「페루행 완행열차」)이다. 너무나 쉽게 휘발되어버리는 희망은 마치 집어등 불빛 같다. 빛은 어둠 속에서 헤매는 화자를 유혹하지만, 화자가 빛이 있는 곳에 도달해서 만나는 것은 더욱 짙은 어둠이다. 희망이 꺾인 뒤의 현실은 전보다 한층 더 절망적이다. 희망에 한번 속았던 이들은 이제 희망을 믿지 않는다. "단말마를 내지르며 별들이 선로 위에 떨어"지고, 그들은 "이곳의 어둠은 도무지 불사신"(「샛강역」)이라고 생각한다.

이정표가 없었다 노선을 갈아타야 하는데 사방으로 길이 뻗어 있었다 머리 위에도 길 발밑에도 길 벽면에서 화살표가 날아다녔다 화살표를 따라갔다 까만 뒤통수들을 따라 층계를 올라갔다 모자 쓴 뒤통수 상고머리 뒤통수 더벅머리 뒤통수 매점 지나고 사각기둥 지나 환승 통로에 들어섰다 창이 없는 통로엔 해가 뜨지 않았다 길 끝에서 길 끝으로 사람들이 몰려오고 몰려갔다 화살표를 따라갔다

우울한 계절이 몇 번인가 얼굴을 바꾸었다 봄여름가을 그리고 겨울겨울겨울, 외투를 벗었다가 다시 껴입었다 해가 뜨지 않았다 먹구름이 몰려오고 눈발이 흩날렸다 꿈을 꾸어야 춥지 않았다 깨고 나면 사람들이 하나둘 죽어갔다 죽어가는 뒤통수에 희끗희끗 서리가 앉아 있었다 매캐한 죽음의 냄새가 공중에 떠다녔다 어디선가 휘파람 소리가 들려왔다 운동회 날 울리던 휘파람행진곡이었다 죽은 자가 죽은 채로 일어나 걸었다 화살표를 따라갔다 발밑에서 와사삭 서릿발 소리가 났다 쥐들이 통로를 가로질러 어둠 속으로 달아났다 산 자와 죽은 자가 어깨를 부딪치며 아슬아슬 지나갔다 저마다 제 꿈속을 걸어갔다 아무도 멈추지

앉았다 화살표를 따라갔다

이 길은 언제 끝날까 끝이란 게 있기나 할까 행진곡이었던 휘파람은 장송곡 같기도 했다 기쁘지도 슬프지도 않은 곡조, 꿈속인지 잠 속인지 환기되지 않은 불빛이 몽롱하게 비췄다 어디로 가고 있지? 어디로 가고 있어? 통로 끝 출구는 보이지 않는데 빗발치는 저 화살표 화살표

—「환승역」 전문

우리가 고통에 대응하는 방법은 대개 비슷하다. 고통에 굴하지 않고 그것을 극복하기 위해 노력하거나, 과거를 이상화해서 거기에 의지하거나, 더 나은 미래를 꿈꾸며 현재를 감내한다. 그런데 이 세계에서는 그 모두가 통하지 않는다. 불안하게 흔들리는 현재는 고통에 응전하려는 화자의 의지까지 뒤흔들며, 과거는 완전하고 안전한 도피처가 되지 못한다. 미래의 가능성은 계속 부정당하며 한편으로는 화자를 기만하기까지 한다. 오로지 비극으로 충만한 세계에는 "해가 뜨지 않"으며, "먹구름이 몰려오고 눈발이 흩날"리는 "겨울겨울겨울"만이 이어진다. "끝이란 게" 없는 길 위에는 "매캐한 죽음의 냄새"가 떠다니고, "어디로 가고 있"는지도 모른 채 사람들은 "하나둘 죽어"간다. 그러나 이곳에서는 죽음도 안식이 아니다. 범람하는 세계에서는 모든 경계조차 허물어져서 "기쁘지

도 슬프지도 않은 곡조"를 들으며, "꿈속인지 잠 속인지 환기되지 않은 불빛"을 향해, "산 자와 죽은 자가 어깨를 부딪치며" 함께 걷는다. 이들은 그저 "아무것도 바라보지 않는 눈으로/아무도 아닌 자신에게만 웅얼웅얼/말을 걸고 혼자 히죽 웃으며/철로를 따라 겨울로 겨울로 걸어"갈(「길고 흰 목덜미」) 뿐이다.

「환승역」을 포함하여 「루브시엔 가는 길」, 「페루행 완행열차」, 「잠 못 이루는 밤이라고요?」, 「물구나무선 오후 세 시」, 「아가멤논의 침묵」, 「그 다리」, 「길고 흰 목덜미」, 「샛강역」 등등. 『거미학자와의 인터뷰』에는 기차/열차, 지하철/전동차, 철로/철길, 버스 따위의 교통수단과 관련된 시어가 자주 나온다. 이것들은 정해진 노선을 따라 한 길로만 간다는 공통점이 있다. "전동차가 끌고 온 길은 일직선이다 낮의 입구에서 밤의 출구까지 꺾이지 않는 외길"(「샛강역」)이나 "길은 외줄기 가파른 시멘트 계단 하나/낡은 빨래판처럼 위태로이 걸쳐 있다"(「계단을 오르다」)라는 구절에서 알 수 있듯이 이 시어들은 절망에서 벗어날 수 없는 화자의 모습을 환기한다. 이런 맥락에서 "노선을 갈아타야 하는데"라는 말은 매우 의미심장하다. 이는 화자가 비록 몽롱한 불빛에 불과할지라도 희망으로서의 꿈꾸기를 포기하지 않았다는 뜻이다. 이곳을 벗어나 저곳으로 가기. 이 환승의 이미지는 "나는 다리 저편을 향해 팔이 빠져라 손을 흔든다"(「몬순 시기」), "하천을 가로지른 낡은 판자 다리/그 너머는 다른 세상,/상점과 집과 학교가 있는 이 쪽의 나는/그 다리를 건널 수 없었다"(「그 다리」)에서처럼 다리를 건너는 이미지로 변주되기도 한다. 이제껏 살펴본바 도저히 헤어날 길이 없어 보이는 이 세계를 그들은 과연 탈출할 수 있을까.

다만 살아 있으므로

시세계는 가상의 공간이다. 시인이 상상력으로 쌓아 올린 세계상이자 자기 마음의 풍경이다. 이 시집의 폐쇄적인 공간적 배경과 거기에 퍼붓는 빗줄기는 으레 시인의 세계 인식과 심리 상태를 반영한다. 이는 시인의 마음을 옥죄는 답답함과 피할 길 없는 일상의 폭력이 형상화한 것이다. 『거미학자와의 인터뷰』를 읽는 우리는 자연스레 이러한 세계를 창조한 시인의 삶과 속내를 궁금해할 수밖에 없다. 시집에는 어떤 사건이 구체적으로 드러나지는 않지만, 시인이 겪었을 고통과 슬픔을 짐작하기란 그리 어렵지 않다. 그것은 대체로 가까운 존재의 상실이나 여성으로서의 정체성과 관련된다. 전자는 앞서 살펴본 대로 이별에 얽힌 추억과 상관있다. 후자는 「아쿠아로빅」, 「벨리댄스」, 「길고 흰 목덜미」, 「입교기」 등에서 아내, 며느리, 딸, 엄마로서 살아야 하는 여성의 삶 그리고 「소 들어오는 날」, 「도굴의 순서」 등에서 여성의 신체에 관한 이야기로 드러난다. 여기에 인간 존재가 품은 근원적 불안이 더해진다.

동해횟집 수조 속 대형 방어 한 마리
큰 몸집 때문에 오늘도 아프다
다만 살아 있으므로
파도를 기억하는 지느러미의 본능으로
가볍게 옆구리를 흔들었을 뿐인데
주둥이가 자꾸 앞 유리벽을 찧는다
이렇게 좁은 데로 끌려 올 줄 알았다면
자라지나 말걸!
후회하듯 찧고 또 찧는다
찢어지고 피 맺혀도 태연한 눈빛
바다로 돌아갈 꿈이 남아 있는 한 울지 않겠다고
이게 다 살아 있기 때문이 아니겠냐고
항변하듯 찧고 또 찧는다
이렇게 된 바에야 실컷 살아나 보자고
쿵, 쿵, 쿵쿵쿵
부릅뜬 눈으로 통증을 삼킨다
주둥이 끝이 너덜너덜해질 즈음
횟집 남자가 느럭느럭 뜰채를 들고 다가온다
후진을 모르는 방어,

달아난다는 것이
또 주둥이를 유리벽에 쿵쿵쿵

—「방어」 전문

「방어」는 이제껏 이야기한 『거미학자와의 인터뷰』의 시세계를 압축적으로 보여준다. 방어는 수조, 즉 물이 가득 찬 폐쇄된 공간에 갇혀 있다. 이는 방어가 저지른 어떤 죄의 대가가 아니다. 방어는 "다만 살아 있으므로", 그저 "살아 있기 때문"에, "이렇게 좁은 데로 끌려" 와서 "찢어지고 피 맺"히고 있다. 이런 상황에서 "큰 몸집"과 "파도를 기억하는 지느러미의 본능"은 방어의 고통을 가중한다. 이때 파도에 관한 기억은 아픈 과거를, "큰 몸집"은 세계의 진실을 바라보며 비대해진 시인의 자의식을, '느럭느럭 다가오는 횟집 남자'는 안식이 되지 못하는 죽음을 비유할 테다. 어디로도 달아날 수 없는 방어의 모습은 여지없이 절망적이고, 방어도 이를 자각하고 있다. 방어의 부질없는 노력을 지켜보는 우리의 마음은 착잡하고, 슬프기만 하다. 방어의 저 처절함에서 자기의 모습을 발견한 이는 더욱 그럴 것이다.

『거미학자와의 인터뷰』에서 시인은 삶이 가져오는 모든 고난을 실존하는 자가 겪어야 할 운명으로 받아들인다. 시는 그 실존의 수단이자 때로는 목적 그 자체가 된다. 「환승역」에서 "출구는 보이지 않는데 빗발치는 저 화살표 화살표"를 따라

걷는 "죽은 자"들처럼 되지 않으려고, 시인은 시를 쓴다. 죽은 친구에게 "거긴 지낼 만해?"라고 묻고, "죽어 있는 건 내가 아닐까"(「칸나의 집」)라고 고민하는 시인은 시로써 자기 존재를 자각하며 주체적으로 존재하려고 애쓴다. 시인에게 왜 이런 비참한 세계를 창조했는지를 묻는 것은 아무런 의미가 없다. 이토록 비참한 세계이기에 시인은 시를 쓰는 것이다. 슬픔과 고통이 범람하고, 희망이 우리를 기망한 자리에서 시는 태어난다.

슬픔과 고통이 없는 자는 질문하지 않는다. '왜 행복할까?'라는 질문은 어색하지만, '왜 슬픈가?', '왜 고통스러운가?'라는 질문은 자연스럽다. 또한 언제나 우리가 깊게 공감하는 것은 기쁨과 즐거움이 아니라 슬픔과 고통이다. 이원숙의 첫 시집 『서비학자와의 인터뷰』에서 우리는 숱한 슬픔과 고통을 만난다. 시인은 "그리될 일이 그리되었을 뿐"(「아가멤논의 침묵」)이라고 읊조리지만, 그것은 체념이나 포기가 아니라 세계의 비극을 외면하지 않고 받아들이겠다는 다짐이며, 함께 이 세계를 여행하는 우리에게 건네는 다정한 위로이다. 이원숙 시인은 세계의 끝에서 "찢어지고 피 맺혀도 태연한 눈빛"으로 이 세계를 돌아본다. 눈앞을 가리는 눈발을 헤치고, 또 크게 내디딜 한걸음이 보여줄 이다음의 세계를 기대해본다.

시인동네 시인선 202

거미학자와의 인터뷰

초판 1쇄 인쇄 2023년 4월 10일
초판 1쇄 발행 2023년 4월 17일
지은이 이원숙
펴낸이 김석봉
디자인 헤이존
펴낸곳 문학의전당
출판등록 제448-251002012000043호
주소 충북 단양군 적성면 도곡파랑로 178
전화 043-421-1977
전자우편 sbpoem@naver.com

ISBN 979-11-5896-590-7 03810